Être entrepreneur s'apparente parfois à un parcours du combattant, surtout au début, lorsque l'on vient à peine de prendre la décision de lancer un nouveau projet. Pour que la réussite soit au rendez-vous, beaucoup d'efforts et d'organisation seront nécessaires.

Le but de ce "starter kit" est de dérouler pas à pas **les différentes étapes qui mèneront à la clé du succès pour créer votre entreprise :**

I0500241

1. Un bon timing pour établir son plan d'affaires :
   a. Valider votre idée business
   b. Vos clients, leur profil, leurs attentes
   c. Etude du marché

2. Démarche préalable pour formaliser son projet :
   a. Tester votre idée
   b. La valider

3. Formaliser son idée business avec le plan d'affaires :
   a. Réussir l'étape déterminante du Business Plan.
   b. Pourquoi est-ce une étape obligée ? Car ce « document » permet de formaliser, confronter, convaincre, anticiper et communiquer sur votre projet.

4. Ecrire son Business Plan :
   a. Que doit-il y figurer ? et Comment ?
   b. Eviter les erreurs

5. Défendre son projet :
   a. Des conseils pour préparer votre discours face à vos audiences
   b. Erreurs à ne pas faire pour lever des fonds

Table des matières

1. Quel est le bon timing pour se lancer dans la réalisation de son business plan?

Le plan d'affaires est un document essentiel lorsqu'on crée son entreprise. Essentiel certes, mais pas nécessairement indispensable, du moins au début.

- Il faudra d'abord bien réfléchir à ce que seront vos futurs clients et quel sera leur profil.

- Vous étudierez ensuite **si le marché que vous ciblez** existe bien et correspond à ce que vous allez proposer.

- Enfin, si votre idée de startup est bien validée, alors vous essayerez de **mettre en forme vos idées** plus concrètement pour établir une stratégie commerciale.

> Formaliser votre projet ne doit pas vous écarter de ce qui compte, c'est à dire, vos futurs clients

Votre première priorité doit être d'**établir le profil type de vos consommateurs et de valider la demande pour votre offre.** Pour cela il sera utile de **parler avec des clients potentiels** pour valider l'idée que vous vous faites du problème qui les intéresse, les solutions qu'ils attendent, les produits/services qui leur conviendraient.

Ce n'est qu'en avançant pas à pas, en faisant évoluer vos hypothèses de départ et en validant le comportement des consommateurs ciblés, que vous cernerez enfin quelle est la start up qui va marcher.

> Forcez-vous à bien étudier le marché avant d'écrire la moindre ligne

Une composante très importante de la **stratégie d'un business débutant ou confirmé est l'étude de marché.** L'étude de marché bien menée permettra à l'entreprise de **prendre de meilleures décisions.**

On peut trouver de bons conseils comme ici dans cette présentation qui recommande :

- Pour les business « débutants », de faire des **enquêtes dématérialisées et sur les réseaux sociaux**, publier des **tests** qu'on analysera ensuite, voire lancer des campagnes **Google Adwords**.

- Pour les business « confirmés », de s'appuyer sur un **échantillon d'expériences utilisateurs** et de revoir les **personas en fonction de ce qui a été directement observé dans le panel clients**.

> Pour écrire un business plan, il faut avoir quelque chose à formaliser

Maintenant, votre idée de startup est bien validée, vous connaissez le profil de vos futurs consommateurs, vous avez étudié le marché en long et en large, il va falloir **rentrer dans les détails de l'exécution de la stratégie commerciale** que vous avez en tête, mais la **décliner sur papier force à se poser la question de sa mise en place concrète**. Il faut donc avoir quelque chose à mettre en forme pour écrire enfin votre plan d'affaires!

Il est peut-être trop tôt pour que vous ayez une vision claire de votre marché et du positionnement à adopter. Votre plan d'affaires risque donc de poser plus de questions qu'il n'apporte de réponses. Plutôt que de commencer de suite à écrire un plan d'affaires, il y a une démarche qui pourra vous faire avancer plus concrètement dans votre projet.

2 – La démarche Lean : une démarche nécessaire avant de formaliser son projet

La philosophie Lean revient à **accepter de lancer ses projets petits et imparfaits tout en pensant grand.** Cette posture permet d'éviter le gaspillage car au final ce seront toujours vos clients qui auront raison.

Le Lean, c'est partir du principe que dans tout projet, l'ensemble des idées que l'on peut avoir tout au long de celui-ci, n'est qu'une suite d'hypothèses qu'il convient de valider en les confrontant au marché.

> Il vous faut d'abord tester votre idée avant d'écrire noir sur blanc votre projet

Posez-vous d'abord la question : quel est votre **réel objectif principal dans la réalisation de votre projet**? Pas par rapport à vous, mais **par rapport à vos futurs utilisateurs.** Qu'est-ce qu'il leur manque actuellement que votre idée pourrait leur apporter ? Pour y répondre il va falloir tester, mais tester sans se ruiner! Ce dont vous avez besoin, là tout de suite pour valider votre première hypothèse, c'est d'un **Produit Minimum Viable (MPV)**.

Un MPV c'est tout simplement un prototype, une version minimale de votre produit final qui remplisse la fonction principale annoncée par la proposition de valeur.

Vous n'avez donc pas besoin de TOUT ce que vous cherchez à mettre en place pour valider votre hypothèse.

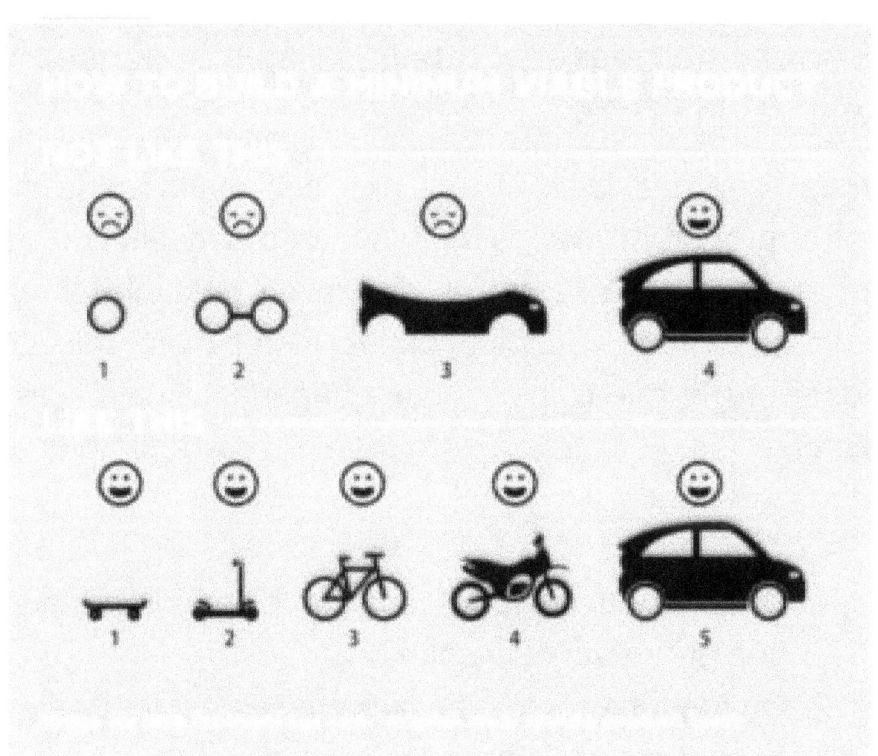

Si votre hypothèse est que les gens aimeraient se déplacer plus vite qu'en marchant, votre MPV n'a pas besoin d'être une voiture, même si celle-ci est votre idée finale: un skateboard fera l'affaire et permettra d'identifier de nouvelles attentes de la part de votre cible.

> Avant de penser « business plan », pensez « Validation Board »

Vous avez des idées assez précises maintenant sur votre produit. Il va falloir valider ou invalider vos hypothèses avec **le moins de travail possible et un coût minimum**. Ou bien on se munit d'une pile de post-it ou le mieux, pour ceux qui parlent anglais, est d'**utiliser le** « Validation Board« : c'est simple et efficace.

1. On définit des hypothèses sur le consommateur, son problème et la solution.
2. On identifie toutes les hypothèses sur lesquelles le concept de l'entreprise repose.
3. On définit une expérience pour les valider (ou les invalider) une par une.

Ce Validation Board est illustré par le cas de Trevor:

Il voulait vendre des scooters et partait de l'hypothèse que les acheteurs de Vespa préféreraient un scooter électrique importé de Chine, moins cher et plus écologique. Après quelques tests il s'aperçoit que les acheteurs de Vespa ne s'intéressent pas du tout à l'écologie! Il a alors proposé d'essayer un Vespa pour l'acheter, mais les gens n'aimaient pas l'image de vie renvoyée par le Vespa. Trevor a alors réalisé un dernier test: il a mis en ligne un fausse page d'achat sur internet proposant d'essayer un Vespa pour 250 \$/mois pendant 2 mois avec une option d'acheter le scooter à l'issu de l'essai. Résultat : 50 commandes en 2h!

Conclusion : **on parle d'abord au client puis on écrit son Business Plan!**

> Testez, itérez, faites des prototypes avant d'envisager un vrai produit

Le modèle Lean pointe du doigt que l'**on ne peut pas connaître à l'avance le niveau de qualité attendu par l'utilisateur sur chacune des fonctionnalités** et que par ailleurs leur choix s'avère souvent contre-intuitif pour le porteur du projet. **L'entrepreneur Lean doit donc s'effacer le plus vite possible au profit de l'utilisateur final.**

Dans ce modèle lean, chaque produit, chaque fonctionnalité, chaque campagne marketing est compris comme une expérimentation pour parvenir à une validation des enseignements.

Cela signifie qu'il faut se contraindre à **sortir une version 1 de la vision produit et la confronter à de potentiels utilisateurs** puis mesurer les comportements générés. **Recommencer avec une version 2**, etc...

Les tests peuvent commencer **dès le stade de concept** en développant un **MVP** permettant des **temps de développement courts**, des **itérations rapides** et la prise en compte des **avis clients.**

3 – Pourquoi est-il ensuite important de formaliser son idée business?

En tant que porteur de projet, il est difficile d'avoir un regard objectif, nous l'avons vu. L'image que vous avez de votre future entreprise peut vous cacher une partie de la réalité. Formaliser l'idée de votre startup dans un business plan vous aidera à **prendre du recul, tant sur vous que sur l'ensemble de votre projet.**

- Cependant le mot « business plan » fait peur à beaucoup d'entrepreneurs qui arrêtent souvent leurs projets à cette étape. Le plan d'affaires **peut paraître un outil inadapté** face à un marché turbulent, changeant et imprévisible. Certains penseront à d'autres moyens pour formaliser leurs idées.

- Mais il est important avant de se lancer dans la création d'une entreprise de **se préparer à l'ensemble des facteurs extérieurs qui pourraient nuire à votre activité.** Un business plan permettra d'avoir un **regard plus stratégique** sur l'entreprise que l'on veut créer.

- Aussi, une grande partie des créateurs d'entreprise repoussent le moment d'étudier la partie financière de leur projet. Pourtant la rédaction du business plan les aidera à se plonger dans les chiffres, les projections et les calculs de trésorerie, ce qui permettra à l'entrepreneur de **convaincre des financeurs.**

> Tout le monde n'entreprend pas de la même manière; certains ont besoin de « poser leurs idées »

En effet, tout le monde ne se ressemble pas et n'aborde pas la façon de formaliser ses idées de la même manière. Il y a des entrepreneurs qui manquent de compétence et/ou d'énergie et/ ou de structure et/ou d'autres raisons pour rédiger un business plan... Il y en a aussi qui pensent que leur idée est révolutionnaire et qu'elle se suffit à elle-même (grosse erreur!).

Certains vont **poser leurs idées avec des méthodes plus empiriques** pour se lancer dans la création de leur entreprise sans rédiger le « sacro saint » business plan. On peut trouver des **méthodes « agiles »** s'appuyant sur l'intuition de l'entrepreneur telle que la méthode Synopp venue du Canada et qui se veut l'anti business plan par excellence.

Ces méthodes s'appuient sur **l'énaction** qui est le fait de **construire son apprentissage sur l'expérience empirique**. Elles peuvent être valable pour de petits business avec peu de salariés, des moyens précis et pas d'ambitions démesurées. Elles proposent une logique d'action calée sur les principes même de l'agilité, avec des « **sprints** » **continus de réflexion-décision-action.**

> Un business plan permet d'anticiper, et de garder un cap face « aux mini échecs » qui jonchent l'aventure entrepreneuriale

Loin de moi l'idée de faire le rabat-joie, mais **le business plan reste encore le document de référence**, celui qui « fait foi » dans le monde de l'entrepreneuriat. Comme vous le savez, **le monde des affaires n'est pas tendre** : le gentil entrepreneur confiant qui se lance avec ses 1000 € et sa bonne volonté, se retrouve bien souvent quelques mois plus tard lynché et épuisé par le nombre de « mini échecs » endurés au quotidien.

Or, un business plan bien conçu peut **mettre en lumière les pièges les plus évidents et les solutions pour les contourner** afin de ne pas se sentir constamment dans une « impasse ».

- Un plan d'affaires donne un but,
- une trajectoire
- et est porteur de sens pour celui qui le fait vivre.

L'entrepreneur aura ainsi une **vision globale** sur tous les aspects du projet ainsi que sur **les points d'amélioration éventuels.**

> Le plan d'affaires reste une étape obligée pour beaucoup de banques, d'investisseurs et de partenaires

Au cours de la création de votre entreprise vous aurez besoin de **séduire vos partenaires potentiels**, c'est là que votre plan d'affaires entrera en jeu. Il est conçu pour présenter votre projet et sera un atout important au cours de vos différents rendez-vous. Sa rédaction permet de parler un **langage commun avec tous les acteurs de l'entrepreneuriat et ainsi de pouvoir communiquer efficacement sur votre projet.**

Si vous souhaitez trouver des fonds pour lancer votre projet, il sera souvent utile de formaliser votre projet avec un business plan, ne serait-ce que pour vous en servir comme « **outil de communication** ». Le plan d'affaires est **LE document indispensable** pour convaincre des tiers d'investir dans votre projet. Ils pourront ainsi juger de l'opportunité de vous **financer** et de vous faire **confiance** à travers l'image renvoyée par votre business plan.

Le business plan est un document de référence : aucun banquier, investisseur ou organisme ne donnera un sou à une personne qui n'a aucune prévision financière à montrer.

---

4 – Comment faire son business plan?

> Les « grandes sections » qui doivent figurer dans votre document

1. La section « Equipe » de votre Business plan.

Un investisseur est en droit de se demander qui sont les gens qui font partie de cette équipe entrepreneuriale. **Citez toutes les parties prenantes de votre entreprise que ce soit le management, les conseillers ou le conseil d'administration.**

Est-ce que cette équipe est expérimentée et motivée?

Pour démontrer que le management est capable de mettre en oeuvre le business plan, il va falloir faire ressortir que **l'équipe est familière avec le secteur :** parlez de leur formation, de leurs expériences professionnelles passées, de leurs domaines d'excellence, des résultats qu'ils ont obtenus, des projets qu'ils ont conduits...

Pensez aussi à expliciter votre **plan de recrutement** :
- combien de personnes comptez vous recruter?
- quelles seront leurs missions dans votre projet?
- quels seront leur profil?
- quels seront leurs qualités?

2. La section « Opportunité » de votre business plan

Le critère déterminant pour un investisseur est le marché : est-il important et en croissance? Si c'est le cas, c'est un gage d'opportunité.

Identifiez **les besoins que peut combler votre business** et décrivez clairement comment v**otre business peut remplir les besoins du marché**. Décrivez bien sur quel avantage compétitif soutenable vous comptez appuyer votre développement.

L'investisseur se frottera les mains d'avance s'il découvre que vous possédez une ressource rare, de valeur, non imitable et difficilement substituable.

Pour rappel, selon la **Théorie des ressources** : *«L'entreprise dispose d'un avantage concurrentiel sur ses concurrents lorsqu'elle met en place une création de valeur inexistante chez ses concurrents. Cet avantage concurrentiel est durable lorsque les concurrents sont incapables de créer cette même valeur. […] Toutes les différences de performance entre entreprises sont explicables en termes de différence d'efficacité d'utilisation des ressources»*

Précisez bien qui est votre client, celui qui va vous rémunérer. Démontrez que votre produit / service leur solutionne un problème important, pour lequel ils sont prêts à payer. Démontrez que vous les connaissez bien, en détaillant notamment les circuits de distribution et les processus de décision qui mènent vos prospects à l'achat.

Il vous faudra aussi démontrer ce que votre entreprise fait de mieux que des concurrents qui remplissent la même niche.Vous aborderez :

- la façon dont vous envisagez la commercialisation de votre produit,
- comment vous allez le produire,
- votre politique de prix
- et enfin votre stratégie de croissance

3.La section « Stratégie idéale »

Pour atteindre le marché, **votre stratégie doit inclure les moyens qui parlent au plus grand nombre de vos clients et là où ils trouvent leurs informations.**

En vous appuyant sur la matrice de Ansoff qui cartographie les « principales » voies de croissance d'une entreprise, **vous éclairerez vos investisseurs en donnant les pistes de croissance** que vous envisagez :

- **vous imposer sur une niche de marché?** A condition de baser votre business sur une ressource rare, inimitable et qui n'est pas substituable.

- **distribuer votre produit à l'international?** Voie « évidente » lorsque la duplication du modèle économique est faisable.

- **développer votre offre?** C'est un bon relais de croissance sur un marché très dynamique qui évolue vite
.

- **vous diversifier dans un autre secteur?** Difficile en terme de mouvement stratégique, mais idéal lorsque vous tirez vos marges en contreparties de risques importants; on ne met pas tous ses oeufs dans le même panier...

4. La section « Projections financières et Analyse des risques » de votre business plan.

Le but de cette section est bien ici de **rassurer l'investisseur sur la viabilité de votre affaire**. Ce qui l'intéresse c'est de savoir :

- à quel niveau de ventes l'entreprise commence-t-elle à faire des bénéfices ?
- quand le cashflow de votre affaire devient-il positif ?
- quelle est la probabilité que vous atteignez la profitabilité indiquée dans votre business plan

Un indicateur important pour l'investisseur est le Taux de Rentabilité Interne (TRI) de votre business.

Grosso-modo, cet indicateur donne le taux actualisé de rémunération que vous proposez à un investisseur. **Cet indicateur TRI se calcul sur la base du cashflow net généré** par votre affaire. Autrement dit, votre business plan doit **souligner l'aspect « pompe à fric » de votre projet**, en démontrant que le business model est capable de générer des flux de liquidités sonnantes & trébuchantes intéressantes.

Vous pouvez rajouter **2 graphiques qui en disent beaucoup** pour l'investisseur:
- l'évolution dans le temps du **cashflow**
- la probabilité d'atteindre le Taux de Rentabilité Interne (TRI) prévu (provenant de vos prévisions hautes, moyennes et basses)graph

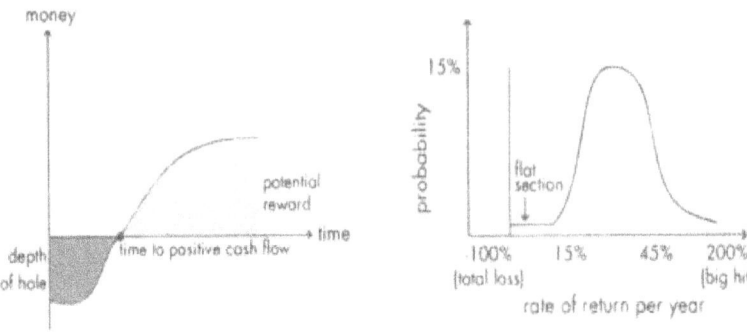

De plus, dans cette section vous indiquerez clairement le **montant du financement** que vous demandez et comment sera utilisé l'argent levé. Il est bon aussi de prévoir la **stratégie de sortie** de l'investisseur pour le rassurer et de faire apparaître les **co-investisseurs.**

5. La section du budget dont vous avez besoin pour démarrer et continuer.

Deux solutions s'offrent à vous : **l'actionnariat ou les prêts.**

Les investisseurs et les entreprises à gros capitaux peuvent financer des opportunités de business à croissance rapide. Le financement pour que votre bonne idée devienne un vrai concept de business peut venir **d'amis, de la famille et/ou de vos fonds personnels.**

On peut trouver une variété de programmes financiers de **prêts bancaires** surtout destinés aux petites entreprises.

Qui que ce soit qui vous avance l'argent, il voudra d'abord étudier un solide Business Plan!

Votre business plan doit aussi **renseigner l'investisseur sur ce qui peut se passer « bien », mais aussi ce qui peut se passer « mal ».** Imaginez que « vous tombiez sur un os » et que n'avez rien prévu, votre business peut en souffrir ou même couler. Au contraire, en cas de succès inespéré, vos objectifs seront revus à la hausse et alors vous aurez besoin de rédiger un nouveau Business Plan!

> Vous lancez un business digital? Évitez ces erreurs classiques

Autant pour un commerce classique, (boutique, épicerie, garage,...) il y a des méthodes pour estimer avec plus ou moins de véracité son futur chiffre d'affaires (et encore...) et sa rentabilité, autant il semble **que les entrepreneurs e-commerce (et les investisseurs !) sont souvent très loin de la vérité .**

Il y a des erreurs classiques d'estimation qui font que les business plans en e-commerce sont souvent faux.

1.Erreurs d'estimation de coûts

- **Sous estimer les investissements communication-marketing** : les entrepreneurs internet ont tendance à surestimer l'effet buzz (facebook, linkedin....). Or, un business internet doit investir aussi et le coût d'acquisition client sur le net n'est pas nul :

- il y a l'investissement **temps à mettre pour se référencer naturellement** en investissant dans la rédaction de contenu et l'acquisition de backlinks;
- il y a les investissements **adwords** qui, en fonction des mots clés peuvent coûter très cher;
- les campagnes de **publicité**;
- l'investissement dans la **marque** pour donner confiance et lever les freins a l'achat;
- l'investissement dans les **places de marché**.

- **Sous estimer les investissements en salaires / prestations externes** : Il est parfois illusoire de vouloir tout gérer. Mieux vaut passer son temps sur l'activité qui dégagera le plus de marges pour vous et externaliser les autres tâches.

- **Sous estimer les coûts de développement :** Certaines économies sont coûteuses!
  - Par exemple, vouloir **minimiser les coûts** de construction d'un site peut s'avérer sur le long terme plus cher....
  - Ne pas passer par un **avocat pour valider les statuts** peut finalement s'avérer très coûteux le jour où un souci apparaît...
  - Ne pas rédiger de **pacte d'associés** peut conduire la société dans le mur le jour où les associés sont en conflit...

2. Erreur dans son chiffre d'affaires prévisionnel

- Mauvais calcul du temps d'adoption du produit surtout si vous lancez un site e-commerce sur un secteur nouveau, **ne négligez pas l'inertie d'achat de vos clients**.

- **Un taux de conversion surestimé** : Souvent le taux de conversion est beaucoup trop élevé dans les business plan. Au pire il n'est pas justifié, au mieux il est indiqué que la moyenne française est de 1 ou 1.5% et que la start up appliquera le même taux. **On a tendance à appliquer un taux moyen dès le début.** C'est une erreur. La plupart du temps vous aurez un **taux de conversion nul ou très faible au démarrage** (les 6 premiers mois voire un an !). Il faut **anticiper cela pour éviter des problèmes de trésorerie.**

- **Surestimer le nombre de visiteurs uniques : Personne ne vous connaît au démarrage.** Souvenez-vous qu'il n'y a qu'une première page Google par mot clé. Dès lors, soit vous faites partie de 8-10 premiers liens soit vous êtes condamné à ne pas exister sur internet par ce biais. Soit vous référencez votre marque. La montée en trafic n'est pas linéaire mais suit plutôt des paliers.

- **Ne pas anticiper la réaction des concurrents :** la **croissance du CA est souvent plus faible que prévu** (ou celle des marges) car des sites concurrents vont forcément se créer sur la même période, il faut prévoir la riposte!

5 – Comment défendre votre projet en face de quiconque?

*« **Et vous? Vous faites quoi?** »*

Combien de fois avez vous entendu cette question au cours de votre vie professionnelle? Un nombre incalculable de fois je présume...

C'est dans ces moments qu'il faut « envoyer du gros » !

- Quand notre interlocuteur nous offre l'opportunité de présenter avantageusement notre activité
- ...... et qu'il nous accorde toute son attention pendant quelques instants.
  C'est alors qu'il faut être prêt à faire un « Elevator Speech ». Comment s'y préparer ?

> Construire un pitch impactant, qui donne envie d'en savoir plus

Le concept du Pitch d'ascenseur évoque l'idée

- qu'on rencontre parfois des personnes importantes...
- ...dans un lieu où votre audience est disposée à vous écouter
- ...pour une période de temps très courte (60 à 120 sec)

Votre discours doit « prendre aux tripes », maintenir l'attention de votre interlocuteur et lui faire comprendre votre but.

Il va donc falloir **préparer et répéter un discours condensé** , qui **accroche**, qui est **impactant** tout en mettant l'**accent sur chaque point important de votre sujet.**

Voici les choses importantes :

- **A faire :**

  - Paraître naturel dans son langage de tous les jours mais aussi dans son attitude corporelle
  - Déclencher la curiosité de l'interlocuteur
  - Parler surtout des bénéfices et des solutions que votre entreprise offre
  - Le tout en 60 secondes, plus ou moins!

- **A ne pas faire** :

  - Ne pas laisser son interlocuteur vous interrompre car bien des échanges peuvent être fructueux
  - Ne parlez pas que de votre idée ou de votre entreprise, mais de ce que vous apportez
  - Ne vous comportez pas comme si vous faisiez une vente ou une publicité
  - Soyez très précis sur chaque point, pas de généralité
  - N'en faites pas trop !

Quels sont donc les points clés pour concevoir la forme de votre Pitch d'ascenseur ?

> Le livrable final de votre pitch doit ressembler à cela

L'Elevator Speech est concis, bien préparé et compréhensible aussi bien par un adolescent de 15 ans que par vos grand-parents.

Pour être le plus efficace possible et laisser une impression « parfaite » à votre interlocuteur, pas de secret: **la préparation!**

© Matthieu Tran-Van
www.matthieu-tranvan.fr

Un pitch qui « tue » c'est un pitch appris à la perfection, clair, simple, et passionné.

Pour cela il va falloir **structurer sérieusement votre pitch :**

- une introduction (15 sec) avec votre nom et les 3 mots clés qui décrivent votre idée.
- Le problème ou les besoins des clients(45 sec maximum)
- Votre vision des solutions à apporter (45 sec maximum)
- Vos besoins en argent, personnes, outils, technologie (15 sec)

Pour avoir l'attention et l'intérêt de votre auditoire, il faut en connaître les spécificités pour mieux adapter votre pitch. N'hésitez pas à **utiliser des images, une histoire, un exemple, une information** qui illustrera votre idée pour qu'elle soit plus tangible.

On peut aussi résumer l'Elevator Pitch à succès en 6 points :

1. Une accroche

2. L'explication du problème à résoudre

3. Votre solution

4. Votre équipe

5. Votre produit et le marché avec les clients, les avantages et les concurrents

6. A la fin du pitch, demandez des cartes business et/ou des rencontres avec les investisseurs.

> De manière générale, respectez ces règles lorsque vous parlez de votre projet

De tout ce que j'ai développé ci-dessus, il en sort quelques règles générales et essentielles qui rendront votre pitch abordable et sympathique :

- **Ce sont les passions qui connectent les gens.** Ce que vous devez communiquer avant tout, ce sont les passions qui vous animent pour défendre votre projet.

- Assurez-vous de **personnaliser le tout début de votre pitch pour votre audience.** C'est un bon moyen de « **connecter** », mais c'est aussi une **marque de respect** pour le public.

- Rien de plus désagréable pour une large d'audience que d'avoir l'impression d'assister à un sales pitch. **Quand vous intervenez en public, évitez l'auto-promotion** et ne faites pas la publicité de vos produits / services.

- En se basant sur le principe que **ce que vous dites ne compte que pour 10%** dans ce que l'audience retiendra, faites en sorte que le public passe un bon moment. Il sera alors **plus simple pour vous de délivrer et faire mémoriser les 3 idées clés de vos propos.**

> Le cas des levée de fond : gardez ces principes en tête

Vous avez lancé votre site ou votre start up et vous vous dites que vous aimeriez bien lever des fonds pour aller plus vite ? Quelques principes sont primordiaux :

1. Avant d'aller vous présenter devant un groupe d'investisseurs, il faut d'abord être en mesure de **prouver ce que vous valez** et démontrer que vous êtes, ce que l'on appelle en anglais, des « achievers » **des personnes capables d'atteindre leurs objectifs.**

2. Afin d'éviter toute perte de temps et de l'énergie, il est recommandé aux porteurs de projets de **prendre le temps d'identifier des fonds en adéquation avec leurs projets.**

3. Par la volonté de se montrer ambitieux, de nombreuses start up et sites e-commerce commettent l'erreur de **présenter des chiffres d'affaires trop élevés.** Pour obtenir des fonds, le réalisme et la crédibilité importent tout autant que l'ambition.

4. Les investisseurs s'attendent à ce que votre **business plan dégage un réel besoin de financement qui soit cohérent, prouvé et clairement chiffré.** Il faut savoir **justifier le montant de votre levée de fonds.** Pourquoi 500 K au lieu de 400 K ou 5M ?

5. Faire une opération de levée de fonds demande aussi d'être prêt à 100%. Comment ?
   - Une équipe partageant la vision de l'entreprise et le besoin de lever des fonds
   - Un business plan clair, justifié et partagé par toute l'équipe
   - Un executive summary efficace
   - Un listing des fonds à contacter, sélectionner (et non un spamming de la terre
   - entière) (ou des plateformes de crowdfunding à utiliser)
   - Une préparation aux questions des investisseurs
   - Un Pitch de 1 et 10 minutes maîtrisé
   - Une capacité à travailler plus sur cette période (et oui, pendant que vous cherchez à lever… il faut tout de même que le business continue de tourner)

- Etre capable et préparé à encaisser des critiques sur son projet et à essuyer des refus
- Une préparation juridique et financière minimum pour dialoguer, débattre et comprendre les investisseurs (pacte d'associés, term sheet, valorisation, clauses).

Si vous n'avez encore jamais vendu une seule unité de votre produit, inutile de chercher l'entrée en bourse… Comme toute chose, **le financement de l'entreprise se fait de manière progressive.**

- **L'idée :** le fondateur est généralement le seul à financer le projet ;

- **L'arrivée d'un co-fondateur** : cette étape permet de décupler les moyens de départs, mais le capital est divisé en deux, généralement à part égales ;

- **Les amis et la famille :** le capital commence à se diviser davantage même si les deux entrepreneurs restent majoritaires dans le capital. Ils investissent pour un prix plutôt faible ;

- **Tour d'amorçage** : l'arrivée de business angels dans le capital de la société ;
  Fonds d'investissement : les capital risqueurs débarquent, les employés peuvent quant à eux accepter un salaire plus faible en contrepartie d'une participation ;

- **Introduction en bourse** : l'entreprise est cotée sur le marché, le capital est ouvert à tous.

6 – En conclusion

L'entrepreneur cliché, celui qui fonce à 200km/h dans le trafic, se faufile au travers de ses concurrents et remporte le jackpot sans encombre, il y en a très peu.

La réalité, c'est qu'il y'a autant de business plans que de projets… Et autant de projets que d'entrepreneurs.

Ne vous découragez pas, n'abandonnez pas. Il faut du temps pour réussir. Il faudra affronter le pire avant d'atteindre le succès. Mais votre formidable idée finira par marcher et assurera le succès de votre entreprise.

Date de dépôt légal : septembre 2020

www.ingramcontent.com/pod-product-compliance
Lightning Source LLC
Chambersburg PA
CBHW072048190526
45165CB00019B/2214